AF448601

9 789948 817642

لجين أبو الحمائل هي أخصائية تغذية علاجية.

حاصلة على شهادة البكالوريوس من جامعة الملك عبد العزيز، من كلية العلوم الطبية التطبيقية، قسم تغذية علاجية.

تهدف لنشر الوعي الصحيح لمعنى غذاء صحي وحياة صحية. يجب علينا جميعاً تناول طعام صحي وممارسة الرياضة، وليس فقط الأشخاص الذين يرغبون بنزول وزنهم أو الذين يعانون من أمراض معينة.

زيادة الوعي تؤدي إلى تقليل نسبة الإصابة بالسمنة والأمراض المتعلقة بها.

يلا نتعلم نأكل صح مع
ليان

كتابة
لبين أحمد أبو الحمائل
أخصائية تغذية علاجية

رسم
إسراء أبوعياد

AUSTIN MACAULEY PUBLISHERS™
LONDON • CAMBRIDGE • NEW YORK • SHARJAH

الإهـــــــداء

أهدي هذه القصة لابنتي حبيبتي ليان.. أتمنى من الله أن يحفظكِ طوال العمر.

الرقم الدولي الموحد للكتاب 9789948817642 (غلاف ورقي)
الرقم الدولي الموحد للكتاب 9789948817659 (كتاب إلكتروني)

رقم الطلب: MC-10-01-9303981
التصنيف العمري: E

تم تصنيف وتحديد الفئة العمرية التي تلائم محتوى الكتب وفقًا لنظام التصنيف العمري الصادر عن المجلس الوطني للإعلام.

الطبعة الأولى 2022
أوستن ماكولي للنشر م.م.ح
مدينة الشارقة للنشر
صندوق بريد [519201]
الشارقة، الإمارات العربية المتحدة
www.austinmacauley.ae
+971 655 95 202

شكر وتقدير

أشكر والدتي ووالدي على دعمهما المستمرِ لي.
أشكر زوجي على دعمه ومحبَّته وثقته المستمرَّة بي.

لَيَانُ فَتَاةٌ سُعُودِيَّةٌ، عُمْرُها 7 سَنَوَاتٍ
تُحِبُّ أَنْ تَأْكُلَ الْحَلْوَيَاتِ كَثِيرًا
فِي جَمِيعِ الْأَوْقَاتِ،
إِلَى أَنِ ازْدَادَ وَزْنُهَا عَنِ الْمُعَدَّلِ الطَّبِيعِيِّ،
فَقَرَّرَتْ وَالِدَتُهَا حَجْزَ مَوْعِدٍ لِحَلِّ هَذِهِ الْمُشْكِلَةِ.

أَخِصَّائِيَّة التَّغْذِيَة:

أَنَا أَخِصَّائِيَّةُ التَّغْذِيَةِ.. كَيْفَ أَسْتَطِيعُ مُسَاعَدَتَكُمْ؟

أُمُّ لَيَان:

ابْنَتِي لَيَانُ ازْدَادَ وَزْنُهَا فِي الْفَتْرَةِ الْأَخِيرَةِ كَيْفَ نَسْتَطِيعُ حَلَّ هَذِهِ الْمُشْكِلَةِ؟

أَخِصَّائِيَّةُ التَّغْذِيَةِ:

لِحَلِّ هَذِهِ الْمُشْكِلَةِ يَجِبُ أَنْ نَتَعَرَّفَ عَلَى السَّبَبِ أَوَّلًا.

أُمُّ لَيَان:

ابْنَتِي لَا تَأْكُلُ كَثِيرًا لَكِنَّهَا تُكْثِرُ مِنْ تَنَاوُلِ الْحَلَوِيَاتِ.

أَخِصَّائِيَّةُ التَّغْذِيَةِ:

لَيَانُ.. كَيْفَ حَالُكِ؟

لَيَانُ:

الْحَمْدُ لِلَّهِ.

أَخِصَّائِيَّةُ التَّغْذِيَةِ:

هَلْ أَنْتِ مُسْتَعِدَّةٌ أَنْ تَتَعَلَّمِي كَيْفَ تَأْكُلِينَ بِطَرِيقَةٍ صَحِيحَةٍ؟
هَلْ تَعْرِفِينَ مَا هُوَ الطَّبَقُ الصَّحِّيُّ اللَّذِيذُ؟

لَيَانُ:

طَبَقُ الْحَلْوَيَاتِ؟

بِالطَّبع لَا .. حَسَنًا سَوْفَ أُخْبِرُكِ. يَجِبُ عَلَيْكِ تَقْسِيمُ طَبَقِكِ إِلَى أَرْبَعَةِ أَقْسَام:

- خُضْرَوَات.
- فَوَاكِه.
- كَرْبُوهَيْدْرَات.
- بُرُوتِين.
- بِالْإِضَافَةِ إِلَى كُوبٍ مِنَ الْحَلِيبِ أَوِ اللَّبَنِ.

خُضْرَوَاتٌ
فَوَاكِهُ
كَرْبُوهَيْدْرَات
بْرُوتِين

أَخِصَّائِيَّةُ التَّغْذِيَةِ:

أَوَّلًا: سَوْفَ نَبْدَأُ بِمَجْمُوعَةِ الْكَرْبُوهِيدْرَاتِ الَّتِي تَتَكَوَّنُ مِنَ الْخُبْزِ وَالشُّوفَانِ وَالْأَرُزِّ وَالْمَعْكَرُونَةِ وَهِيَ مُهِمَّةٌ؛ لِأَنَّهَا تُعْطِينَا الطَّاقَةَ لِلْحَرَكَةِ وَالتَّفْكِيرِ.

لَيَانُ:

لِهَذَا دَائِمًا تَطْلُبُ مِنَّا الْمُعَلِّمَةُ تَنَاوُلَ وَجْبَةِ الْإِفْطَارِ قَبْلَ الذَّهَابِ إِلَى الْمَدْرَسَةِ.

أَخِصَّائِيَّةُ التَّغْذِيَةِ:

صَحِيحٌ لِتَكُونَ لَدَيْكِ الْقُدْرَةُ عَلَى التَّرْكِيزِ وَفَهْمِ الْمَعْلُومَاتِ.. هَلْ تَعْلَمِينَ كَمْ قِسْمًا تَنْقَسِمُ الْكَرْبُوهِيدْرَاتُ؟

لَيَانُ:

لَا أَعْلَمُ.

أَرُزّ
خُبْز
الْكَرْبُوهَيْدْرَات
مَكَرُونَة
شُوفَان

تَنْقَسِمُ الْكَرْبُوهَيْدَرَاتُ إِلَى قِسْمَيْنِ:
كَرْبُوهَيْدَرَات بَسِيطَة:
مِثْلُ الْخُبْزِ الْأَبْيَضِ وَالْأُرْزِ.

كَرْبُوهَيْدَرَات مُعَقَّدَة:
مِثْلُ الْخُبْزِ الْأَسْمَرِ وَالْفُشَار.

وَهِيَ عِبَارَةٌ عَنِ الْحُبُوبِ مُكْتَمِلَةِ الْأَجْزَاءِ،
وَهِيَ غَنِيَّةٌ بِالْأَلْيَافِ الَّتِي تُسَاعِدُنَا عَلَى
الشَّبَعِ، وَتَحْتَوِي عَلَى الْفِيتَامِينَاتِ الَّتِي
تُسَاعِدُ فِي زِيَادَةِ نَضَارَةِ بَشَرَتِنَا وَتَقْوِيَةِ
مَنَاعَتِنَا الَّتِي تَحْمِينَا مِنَ الْأَمْرَاضِ.

الْكَرْبُوهَيْدْرَات

مُعَقَّدَة

بَسِيطَة

فُشَار

أُرْز

خُبْزٌ أَسْمَر

خُبْزٌ أَبْيَض

نصيحة

★ تَنَاوَلِي الْخُبْزَ الْأَسْمَرَ بَدَلًا مِنَ الْخُبْزِ الْأَبْيَضِ.

★ تَنَاوَلِي الْفُشَارَ كَوَجْبَةٍ خَفِيفَةٍ؛ لِأَنَّهُ مَصْدَرٌ مِنْ مَصَادِرِ الْحُبُوبِ الْكَامِلَةِ.

★ اخْتَارِي رَقَائِقَ الْإِفْطَارِ الَّتِي تُوجَدُ عَلَى عُلْبَتِهَا عِبَارَةُ (الْحُبُوبِ الْكَامِلَةِ).

★ تَنَاوَلِي الشُّوفَانَ؛ لِأَنَّهُ وَجْبَةٌ مُغَذِّيَةٌ وَلَذِيذَةٌ (لَدَيْنَا الْوَصْفَةُ لِإِعْدَادِهَا فِي صَفْحَةٍ رَقْم 54).

أَخِصَّائِيَّةُ التَّغْذِيَةِ:

ثَانِيًا: سَوْفَ نَتَحَدَّثُ عَنِ الْبُرُوتِينِ:
لِكَيْ تَنْمُوَ أَجْسَامُنَا يَجِبُ أَنْ نَتَنَاوَلَ
الْبُرُوتِينَ؛ لِأَنَّهُ مُهِمٌّ فِي بِنَاءِ الْعَضَلَاتِ، هَلْ
تَعْلَمِينَ أَنَّ كُلَّ خَلِيَّةٍ فِي أَجْسَامِنَا تَتَكَوَّنُ مِنَ
الْبُرُوتِينِ؟

لَيَانُ:

حَقًّا؟! أَيْنَ أَجِدُ الْبُرُوتِينَ؟

أَخِصَّائِيَّةُ التَّغْذِيَةِ:

يُوجَدُ لَدَيْنَا نَوْعَانِ مِنَ الْبُرُوتِينِ:
- حَيَوَانِيٌّ نَحْصُلُ عَلَيْهِ مِنَ الْحَيَوَانَاتِ مِثْل:
اللَّحْمِ، وَالدَّجَاجِ، وَالسَّمَكِ، وَالْبَيْضِ.

- نَبَاتِيٌّ نَحْصُلُ عَلَيْهِ مِنَ النَّبَاتَاتِ مِثْل:
الْحُمُّصِ، وَالْعَدَسِ، وَالْفُولِ.

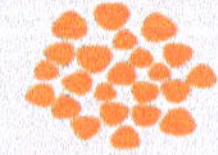

بُروتِين

دَجَاج

سَمَك

بَيْض

فُول

مُكَسَّرَات

عَدَس

نصيحة

أَخِصَائِيَّةُ التَّغْذِيَةِ:

★ تَنَاوَلِي السَّمَكَ مَرَّتَيْنِ فِي الْأُسْبُوعِ؛ لِأَنَّه يَحْتَوِي عَلَى دُهُونٍ أَقَلَّ مِنَ اللُّحُومِ الْحَمْرَاءِ، وَيَحْتَوِي أَيْضًا عَلَى دُهُونِ الْأُومِيغَا 3 الَّتِي تَحْمِي الْقَلْبَ.

★ الْمُكَسَّرَاتُ أَيْضًا تَحْتَوِي عَلَى بُرُوتِينٍ.. اخْتَارِي الْمُكَسَّرَاتِ غَيْرَ مُحَمَّصَةٍ؛ لِأَنَّهَا تَحْتَوِي عَلَى نِسْبَةِ دُهُونٍ أَقَلَّ.

★ تَنَاوَلِي الْبُقُولِيَّاتِ مِثْلَ: الْفُولِ وَالْحُمُّصِ وَشُورْبَةِ الْعَدَسِ.

لَيَانُ:

أَخِصَّائِيَّةُ التَّغْذِيَةِ:

الدُّهُونُ هِيَ مَصْدَرٌ مُهِمٌّ مِنْ مَصَادِرِ الطَّاقَةِ، مَوْجُودٌ فِي أَجْسَامِنَا لِيَقُومَ بِعَمَلِيَّةِ التَّدْفِئَةِ وَحِمَايَةِ الْأَعْضَاءِ الدَّاخِلِيَّةِ.

وَتُوجَدُ فِيتَامِينَاتٌ لَا يُمْكِنُ الِاسْتِفَادَةُ مِنْهَا مِنْ غَيْرِ الدُّهُونِ، وَهِيَ فِيتَامِينُ: (أ، د، ك، هـ)

وَهَذِهِ الْفِيتَامِينَاتُ مُهِمَّةٌ فِي:
1- تَقْوِيَةِ الْمَنَاعَةِ.
2- تَقْوِيَةِ الْعِظَامِ وَالْأَسْنَانِ.
تُسَاعِدُ فِي تَخَثُّرِ الدَّمِ. (عِنْدَ الْإِصَابَةِ بِجُرُوحٍ تَتَكَوَّنُ طَبَقَةٌ تُوقِفُ نَزِيفَ الدَّمِ).

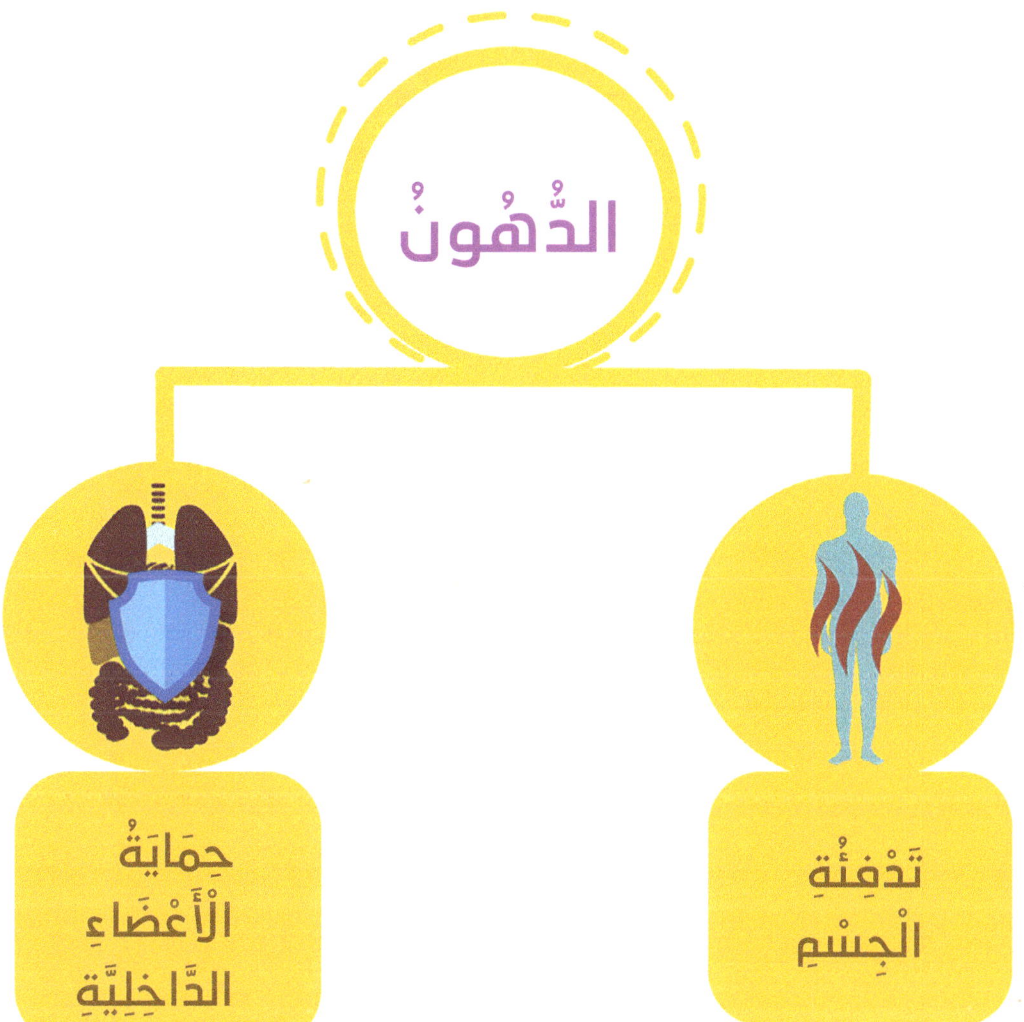

الدُّهُونُ
حِمَايَةُ الْأَعْضَاءِ الدَّاخِلِيَّةِ
تَدْفِئَةِ الْجِسْمِ

لَيَانُ:

أَخِصَّائِيَّةُ التَّغْذِيَةِ:

يُوجَدُ نَوْعَانِ مِنَ الدُّهُونِ: وَهِيَ مُشْبَّعَة، وَغَيْرُ مُشْبَّعَة.

- الدُّهُونُ الْمُشْبَّعَة:
نَحْصُلُ عَلَيْهَا مِنَ الْحَيَوَانَاتِ، وَهِيَ مَوْجُودَةٌ فِي اللُّحُومِ، وَالْحَلِيبِ، وَالزُّبْدَةِ، وَالسَّمْنِ.

- الدُّهُونُ غَيْرُ مُشْبَّعَة: وَهِيَ الْأَفْضَلُ، وَهِيَ مَوْجُودَةٌ فِي الْمُكَسَّرَاتِ، وَالسِّمْسِمِ، وَالزُّيُوتُ النَّبَاتِيَّةِ، وَالزَّيْتُونِ، وَالْأَفُوكَادُو.

الدُّهُون

حَلِيب
لُحُوم
جُبْن
حَيَوَانِيَّة
مُشَبَّعَة

غَيْر مُشَبَّعَة
نَبَاتِيَّة
أُفُوكَادو
زَيْتُون
زُيُوت نَبَاتِيَّة

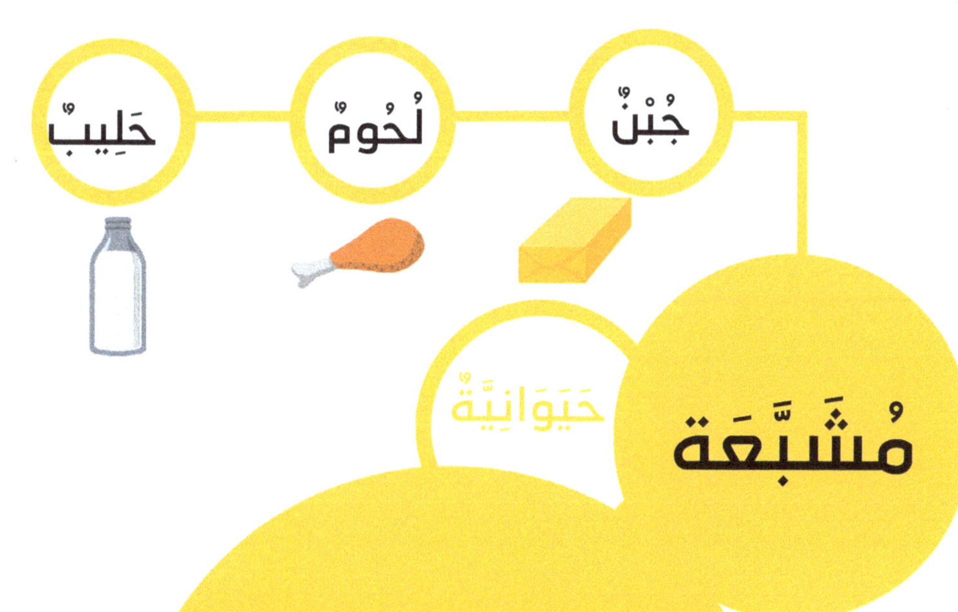

أَخِصَّائِيَّةُ التَّغْذِيَةِ:

وَبِالنِّسْبَةِ لِلْخُضَرَوَاتِ:
تَنَاوَلِي جَمِيعَ أَنْوَاعِ الْخُضَرَوَاتِ؛ لِكَيْ تَحْصُلِي عَلَى الْفَيْتَامِينَاتِ وَالْمَعَادِنِ الْمُخْتَلِفَةِ.
بَعْضُ الْفَيْتَامِينَاتِ مِثْلُ:

فَيْتَامِين أ،وَفَيْتَامِين ج
يُسَاعِدَانِ فِي تَقْوِيَةِ الْمَنَاعَةِ الَّتِي تَحْمِينَا مِنَ الْإِصَابَةِ بِالْأَمْرَاضِ.

مَعْدِنُ الْكَالْسِيُوم
يُقَوِّي الْعِظَامَ وَالْأَسْنَانَ.

الْخُضْرَوَاتُ

فِيتَامِين ج

مَعْدِن الْكَالْسِيُوم

فِيتَامِين أ

جَزَر

بَطَاطَا حُلْوَة

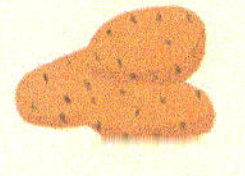

الْخُضْرَوَاتُ ذَاتُ اللَّوْنِ الْأَخْضَرِ الدَّاكِنِ

الْفِلْفُل الْأَخْضَر

نصيحة

أَخِصَّائِيَّة التَّغْذِيَةِ:

تَنَاوَلِي السَّلَطَةَ يَوْمِيًّا.

تَنَاوَلِي الْخُضْرَوَاتِ فِي جَمِيعِ الْوَجَبَاتِ الرَّئِيسَةِ.

تَنَاوَلِي الْخُضْرَوَاتِ الطَّازَجَةَ بَدَلًا مِنَ الْمُعَلَّبَةِ.

يُمْكِنُ تَنَاوُلْ الْخُضْرَوَاتِ كَوَجَبَاتٍ خَفِيفَةٍ؛ لِأَنَّهَا مُفِيدَةٌ وَسُعْرَاتُهَا الْحَرَارِيَّةُ قَلِيلَةٌ.

لَيَانُ:

لَا أُحِبُّ تَنَاوُلَ الْخُضَرَوَاتِ.

أَخِصَّائِيَّةُ التَّغْذِيَةِ:

يُمْكِنُكِ إِضَافَةُ الْجُبْنِ عَلَيْهَا أَوِ اللَّبَنِ وَالْبَهَارَاتِ، مَا رَأْيُكِ؟

لَيَانُ:

حَسَنًا.. يُمْكِنُنِي أَنْ أُجَرِّبَ.

أَخِصَّائِيَّةُ التَّغْذِيَةِ:

لَيَانُ.. مَا فَاكِهَتُكِ الْمُفَضَّلَةُ؟

لَيَانُ:

أُحِبُّ تَنَاوُلَ الْمَوْزِ وَالْفَرَاوْلَةِ كُلَّ يَوْمٍ.

أَخِصَّائِيَّةُ التَّغْذِيَةِ:

أَحْسَنْتِ، وَلَكِنْ يَجِبُ أَنْ تُنَوِّعِي فِي تَنَاوُلِ الْفَوَاكِهِ لِلْحُصُولِ عَلَى الْفَائِدَةِ الْأَكْبَرِ.
تَحْتَوِي الْفَوَاكِهُ عَلَى سُكَّرِيَّاتُ الْفَرَكْتُوز (سُكَّرُ الْفَاكِهَةِ) الَّذِي يُعْطِينَا الطَّاقَةَ، وَهُوَ غِذَاءٌ لِخَلَايَا جِسْمِنَا.
وَأَيْضًا تَحْتَوِي الْفَوَاكِهُ عَلَى الْفَيْتَامِينَاتِ الْمُخْتَلِفَةِ وَعَلَى مُضَادَّاتِ الْأَكْسَدَةِ الَّتِي تُحَارِبُ بَعْضَ الْأَمْرَاضِ.

سكريات الفركتوز
طاقـــــة

نصيحة

- تَنَاوَلِي الْفَاكِهَةَ كُلَّهَا بَدَلًا مِنْ تَنَاوُلِ الْعَصِيرِ؛ لِأَنَّ الْفَوَاكِهَ الْكَامِلَةَ تَحْتَوِي عَلَى الْأَلْيَافِ الَّتِي تُسَاعِدُنَا عَلَى الشِّبَعِ.

- تَنَاوَلِي الْفَوَاكِهَ كَوَجَبَاتٍ خَفِيفَةٍ بَدَلًا مِنْ تَنَاوُلِ الْحَلْوِيَاتِ؛ لِأَنَّهَا مُفِيدَةٌ وَسُعْرَاتُهَا الْحَرَارِيَّةُ أَقَلُّ.

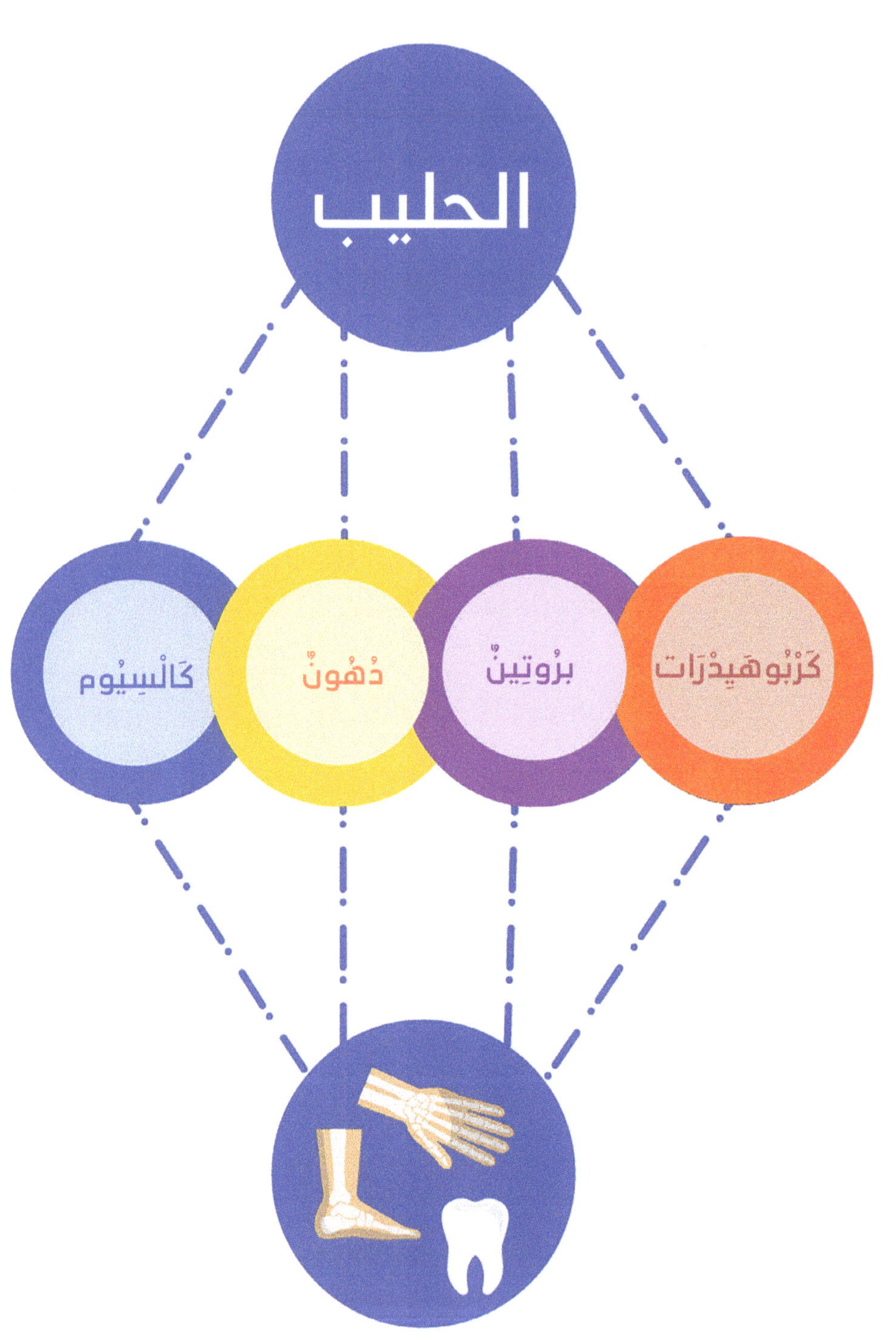

الحليب
كَالْسِيُوم
دُهُونٌ
بْرُوتِينٌ
كَرْبُوهَيْدْرَات

أَخِصَّائِيَّةُ التَّغْذِيَةِ:

وَأَخِيرًا سَوْفَ نَتَحَدَّثُ عَنْ مَجْمُوعَةِ الْحَلِيبِ وَمُشْتَقَّاتِهِ .. أَتَعْلَمِينَ مَا مُشْتَقَّاتُ الْحَلِيبِ؟ وَلِمَاذَا يَجِبُ عَلَيْنَا تَنَاوُلُهَا؟

لَيَانُ:

نَعَمْ أَعْلَمُ، اللَّبَنُ، وَالْحَلِيبُ، وَاللَّبَنُ الزبادي، وَنَتَنَاوَلُهَا لِتَقْوِيَةِ الْأَسْنَانِ.

أَخِصَّائِيَّةُ التَّغْذِيَةِ:

إِجَابَةٌ صَحِيحَةٌ، مَا شَاءَ اللهُ! الْحَلِيبُ وَمُنْتَجَاتُهُ يَحْتَوُونَ عَلَى نِسْبَةٍ مِنَ الْبُرُوتِينِ وَالْكَرْبُوهِيدْرَاتِ وَالدُّهُونِ، وَعَلَى مَعَادِنَ مِنْ أَهَمِّهَا الْكَالْسِيُومُ الَّذِي يُقَوِّي الْعِظَامَ وَالْأَسْنَانِ.

- اخْتَارِي الْحَلِيبَ واللَّبَنَ وَلَبَنَ الزَّبَادِي قَلِيلَ الدَّسَمِ.

- تَنَاوَلِي الشُّوفَانَ بِالْحَلِيبِ فِي وَجْبَةِ الْإِفْطَارِ.

- تَنَاوَلِي اللَّبَنَ الزَّبَادِي قَلِيلَ الدَّسَمِ كَوَجْبَةٍ خَفِيفَةٍ، وَيُمْكِنُ إِضَافَةُ الْفَوَاكِه لِيُصْبِحَ طَعْمُهُ أَلَذَّ.

لَيَانُ:

أُحِبُّ شُرْبَ الْحَلِيبِ كَثِيرًا.

نَصَائِحُ لِإِنْقَاصِ الْوَزْنِ الزَّائِدِ:

1- لَا يَجِبُ عَلَيْنَا حِرْمَانُ الطِّفْلِ مِنَ الطَّعَامِ، وَلَكِنْ يُمْكِنُنَا تَعْلِيمُهُ تَنَاوُلَ الطَّعَامِ الْمُتَوَازِنِ.

2- تَنَاوَلِي ثَلَاثَ وَجَبَاتٍ رَئِيسَةٍ (إِفْطَارٌ، غَدَاءٌ، عَشَاءٌ)، وَإِذَا شَعَرْتِ بِالْجُوعِ يُمْكِنُكِ تَنَاوُلُ اللَّبَنِ أَو الْفَوَاكِهِ كَوَجْبَةٍ خَفِيفَةٍ.

3- تَنَاوَلِي وَجَبَاتٍ مُتَنَوِّعَةً تَحْتَوِي عَلَى مَصْدَرٍ مِنَ الْخُضْرَوَاتِ والنَّشَوِيَّاتِ والْفَوَاكِهِ وَالْبُرُوتِينِ قَدْرَ الْمُسْتَطَاعِ.

4- قَلِّلِي مِنْ تَنَاوُلِ السُّكَّرِيَّاتِ والْحَلْوِيَّاتِ، وَيُمْكِنُكِ تَنَاوُلُ الْخُضْرَوَاتِ والْفَوَاكِهِ بَيْنَ الْوَجَبَاتِ.

5- الرِّيَاضَةُ مُهِمَّةٌ مِثْلُ نَطِّ الْحَبْلِ أَو السِّبَاحَةِ أَو الْجَرْيِ يَوْمِيًّا مِنْ 15 – 30 دَقِيقَةً.

6- اشْرَبِي كَمِّيَّةً كَافِيَةً مِنَ الْمَاءِ مِنْ 3 – 6 أَكْوَابٍ فِي الْيَوْمِ.

كَمِّيَّةُ الْمَاءِ بِالْكُوبِ	الْعُمْرُ
3 أَكْوَابٍ	رَضِيعٌ (0–3 أَشْهُرٍ)
3.5 أَكْوَابٍ	رَضِيعٌ (6–12 شَهْرًا)
5.5 أَكْوَابٍ	طِفْلٌ (سَنَةٌ–3 سَنَوَاتٍ)
6 أَكْوَابٍ	طِفْلٌ (4–8 سَنَوَاتٍ)
10 أَكْوَابٍ	وَلَدٌ، 9–13 سَنَةً
8.5 أَكْوَابٍ	بِنْتٌ، 9–13 سَنَةً
13 كُوبًا	وَلَدٌ، 14–18 سَنَةً
9 أَكْوَابٍ	بِنْتٌ، 14–18 سَنَةً

أَخِصَّائِيَّةُ التَّغْذِيَةِ:

هَيَّا يَا لَيَانُ نَحْسُبُ كَمِّيَّةَ الْمَاءِ الَّتِي يَحْتَاجُهَا جِسْمُكِ يَوْمِيًّا، كَمْ عُمْرُكِ؟

لَيَانُ:

عُمْرِي سَبْعُ سَنَوَاتٍ.

أَخِصَّائِيَّةُ التَّغْذِيَةِ:

هَلْ تَعْلَمِينَ كَمْ كُوبًا مِنَ الْمَاءِ تَحْتَاجِينَ فِي الْيَوْمِ؟

لَيَانُ:

سِتَّةُ أَكْوَابٍ.

أَخِصَّائِيَّةُ التَّغْذِيَةِ:

مَا احْتِيَاجُكِ مِنَ الْمَاءِ؟

كَمْ عُمْرُكَ؟ ☐

تَحْتَاجُ فِي الْيَوْمِ ☐ أَكْوَابٍ.

لَيَانُ:

أُحِبُّ تَنَاوُلَ الْوَجَبَاتِ الصِّحِّيَّةِ الْمُتَكَامِلَةِ.

لَيَانُ:

هَلْ يُمْكِنُنِي تَنَاوُلُ الشِّيكُولَاتَة؟

أَخِصَّائِيَّةُ التَّغْذِيَةِ:

بِالطَّبعِ يُمْكِنُنَا تَنَاوُلُ مَا نُرِيدُ وَلَكِنْ بِاعْتِدَالٍ.

وصفات صحية

الْمُكَوَّناتُ 54

1\4 كُوبِ شُوفَان.

1\2 كُوبِ حَلِيبٍ قَلِيلِ الدَّسَمِ.

1\4 كُوبِ فَواكِهَ مُجَفَّفَةٍ.

(أَضَفْتُ التُّوتَ الْمُجَفَّفَ، يُمْكِنُكِ اخْتِيارُ النَّوْعِ الْمُفَضَّلِ لَدَيْكِ، وَلَكِنِ احْرِصِي عَلَى أَلَّا يَكُونَ مَلِيئًا بِالسُّكَّرِ).

6 حَبَّاتِ لَوْزٍ غَيْرِ مُحَمَّصٍ مُكَسَّر.

طَرِيقَةُ التَّحْضِيرِ:

1- أَضِيفِي 1/4 كُوبٍ مِنَ الشُّوفَان.

2- أَضِيفِي 1/2 كُوبٍ حَلِيبٍ قَلِيلِ الدَّسَمِ.

3- ضَعِيهِ في الْمَيكْرُويف لِمُدَّةِ ثَلَاثِ دَقائِقَ أَوْ عَلَى الْمَوْقِدِ لِمُدَّةِ عَشْرِ دَقائِقَ.

4- أَضِيفِي الْقَلِيلَ مِنَ الْفَواكِهِ الْمُجَفَّفَةِ أَوِ الْمُكَسَّراتِ حَسَبَ الرَّغْبَةِ.

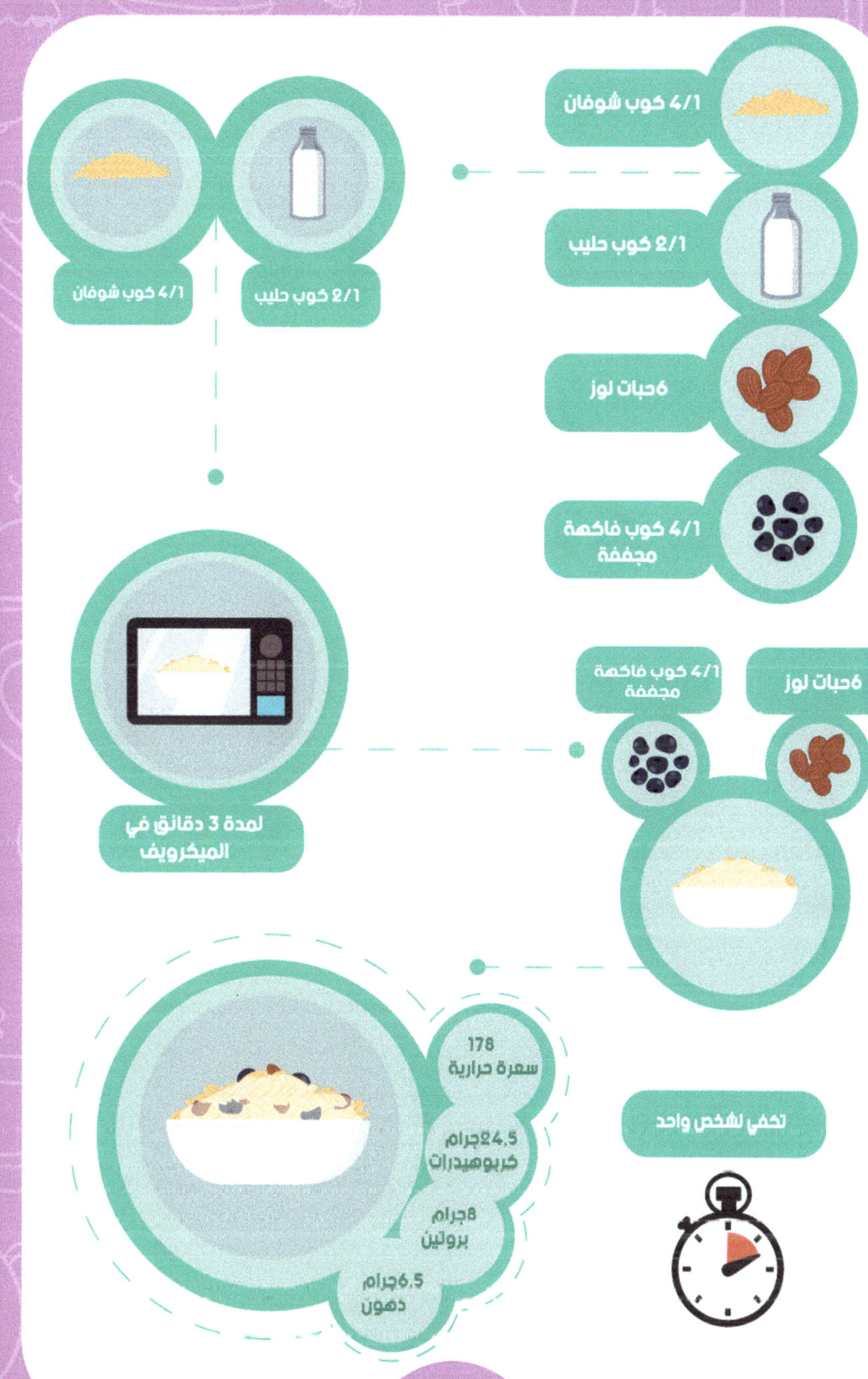

4/1 كوب شوفان
2/1 كوب حليب
6حبات لوز
4/1 كوب فاكهة مجففة
4/1 كوب شوفان
2/1 كوب حليب
لمدة 3 دقائق في الميكرويف
4/1 كوب فاكهة مجففة
6حبات لوز
178 سعرة حرارية
24.5جرام كربوهيدرات
8جرام بروتين
6.5جرام دهون
تكفي لشخص واحد

الْمُكَوِّنَاتُ:
كِيسُ خَسٍّ.
4 حَبَّاتٍ تُوسْت بُر.
عُلْبَةٌ لَبَنٍ زَبَادِي قَلِيلِ الدَّسَمِ.
حَبَّتَا لَيْمُونٍ.
مِلْعَقَةٌ صَغِيرَةٌ مِنَ الْخَرْدَلِ.
مِلْحٌ + فُلْفُلٌ أَسْوَدُ.
مِلْعَقَتَا طَعَامٍ جُبْنٍ بَارْمِيزَان قَلِيلَةِ الدَّسَمِ.

ليمون
توست بر
جبنة بارميزان
ملح
لبن زبادي
فلفل أسود
خس
خردل
55جرام دهـــن
7جرام بروتين
15 جرام كربوهيدرات
121 سعرة حرارية
القيمة الغذائية للشخص الواحد
يكفي ل 4 أشخاص

طَرِيقَةُ التَّحْضِيرِ:

1- اغْسِلِي الْخَسَّ بِطَرِيقَةٍ جَيِّدَةٍ، بَعْدَ ذَلِكَ قَطِّعِيهِ إِلَى قِطَعٍ كَبِيرَةٍ، وَضَعِيهِ فِي وِعَاءٍ كَبِيرٍ.

2- ضَعِي التُّوست فِي الْفُرْنِ لِيُحَمَّصَ، ثُمَّ قَطِّعِيهِ إِلَى مُرَبَّعَاتٍ صَغِيرَةٍ.

3- ضَعِي اللَّبَنَ فِي وِعَاءٍ، وَأَضِيفِي اللَّيْمُونَ وَالْبُهَارَاتِ وَالْخَرْدَلَ.

4- أَضِيفِي وِعَاءَ اللَّبَنِ وَالتُّوست الْمُحَمَّصَ عَلَى الْخَسِّ وَقَلِّبِيهِ، ثُمَّ أَضِيفِي جُبْنَ الْبَارمِيزَان.

5- شَارِكِي طَبَقَكِ اللَّذِيذَ مَعَ بَقِيَّةِ الْعَائِلَةِ.

الْمُكَوِّنَاتُ:

6 قطعِ تُوست بر.
جُبْنٌ مُوتزَارِيلَّا مَبْشُورَةٌ قَلِيلَةُ الدَّسَمِ (كُوب).
صَلْصَةُ الْبِيتْزَا.
زَيْتُون شَرَائِح (1/4 كُوبٍ).
فُلْفُلٌ أَخْضَرُ شَرَائِح (حَبَّة).

زيتون

فلفل أخضر

جنبة موتزاريلا

صلصة بيتزا

توست بر

169 سعرة حرارية

16.5 جرام كربوهيدرات

9 جرام بروتين

7.6 جرام دهون

المعلومات الغذائية للحبة الواحدة

طَرِيقَةُ تَحْضِيرِ صَلْصَةِ الْبِيتْزا:

1- اخْلِطِي عُلْبَةَ طَمَاطِمَ، وَأَضِيفِي عَلَيْهَا بِهَارَاتِ الْبِيتْزا، وَأَضِيفِي مِلْعَقَةً مِنْ زَيْتِ الزَّيْتُونِ.
2- ضَعِيهِ فِي قِدْرٍ عَلَى الْمَوْقِدِ إِلَى أَنْ يَغْلِيَ.

طَرِيقَةُ التَّحْضِيرِ:

1- قُومِي بِتَسْخِينِ الْفُرْنِ قَبْلَ الْبَدْءِ.
2- قُومِي بِوَضْعِ التُّوسْتِ فِي صِينِيَّةٍ.
3- أَضِيفِي صَلْصَةَ الْبِيتْزا عَلَى التُّوسْتِ.
4- أَضِيفِي الْجُبْنَ وَالزَّيْتُونَ وَالْفُلْفُلَ الْأَخْضَرَ.
5- ضَعِيهِ فِي الْفُرْنِ لِمُدَّةِ خَمْسِ دَقَائِقَ أَوْ إِلَى أَنْ يَذُوبَ الْجُبْنُ.

الْمُكَوِّنَاتُ:
كُوبُ زُبْدَةِ الْفُولِ السُّودَانِيّ.
كُوبُ عَسَلٍ.
بَيْضَةٌ كَبِيرَةٌ.
مِلْعَقَةٌ صَغِيرَةٌ وَنِصْف فَانِيلِيَا سَائِلَة.
1/2 مِلْعَقَةٍ صَغِيرَةٍ بِيكَرْبُونَات الصُّودِيُوم.
كُوبَانِ مِنَ الدَّقِيقِ الْبُنِّيِّ.
3/4 كُوبِ رَقَائِقِ شِيكُولَاتَة دَاكِنَةٍ.

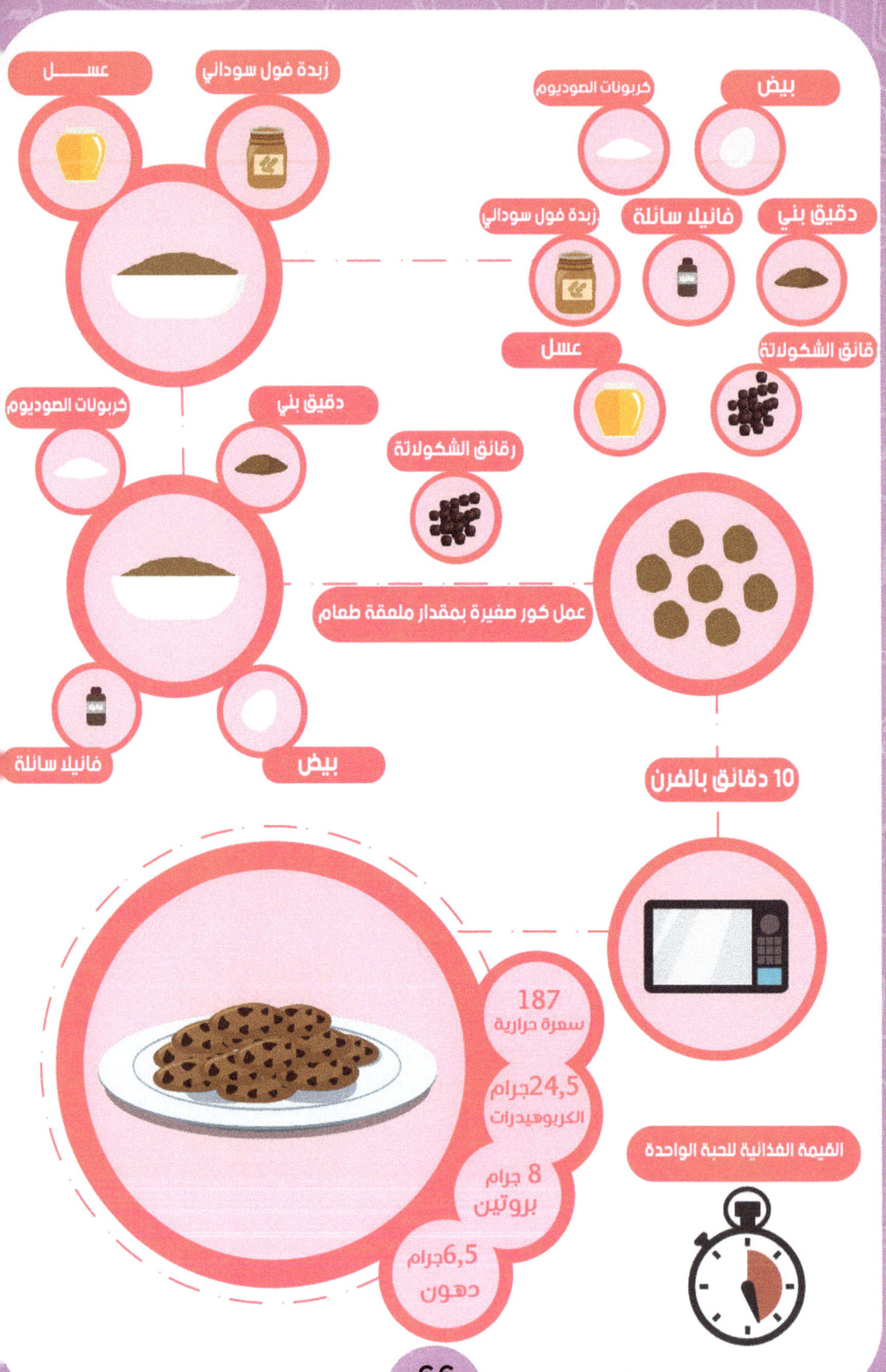

عسل
زبدة فول سوداني
كربونات الصوديوم
بيض
دقيق بني
فانيلا سائلة
زبدة فول سوداني
قائق الشكولاتة
عسل
كربونات الصوديوم
دقيق بني
رقائق الشكولاتة
عمل كور صغيرة بمقدار ملعقة طعام
فانيلا سائلة
بيض
10 دقائق بالفرن
187 سعرة حرارية
24,5جرام الكربوهيدرات
القيمة الغذائية للحبة الواحدة
8 جرام بروتين
6,5جرام دهون
66

1- قُومِي بِتَسْخِينِ الْفُرْنِ قَبْلَ الْبَدْءِ.

2- اذْهُنِي صَوَانِي الْخُبْزِ بِالزَّيْتِ.

3- فِي وِعَاءٍ كَبِيرٍ أَضِيفِي زُبْدَةَ الْفُولِ السُّودَانِيِّ وَالْعَسَلَ، وَاخْلِطِيهِمَا إِلَى أَنْ يَمْتَزِجَا بِشَكْلٍ كَامِلٍ.

4- أَضِيفِي بَاقِيَ الْمُكَوِّنَاتِ، وَاخْلِطِيهِمْ إِلَى أَنْ تَتَكَوَّنَ عَجِينَةٌ.

5- قُومِي بِعَمَلِ كُرَاتٍ صَغِيرَةٍ (حَجْمُ الْكُرَةِ بِمِقْدَارِ مِلْعَقَةِ طَعَامٍ تَقْرِيبًا)، بَعْدَ ذَلِكَ قُومِي بِوَضْعِ بَعْضِ رَقَائِقِ الشِّيكُولَاتَةِ عَلَى الْكُرَةِ، وَضَعِيهَا فِي الصِّينِيَّةِ.

6- اخْبِزِيهَا مِن 10 – 12 دَقِيقَةً إِلَى أَنْ يُصْبِحَ لَوْنُهَا ذَهَبِيًّا (انْتَبِهِي.. لَا تَحْرِقِيهَا، فَالْعَسَلُ يَحْتَرِقُ أَسْرَعَ مِنَ السُّكَّرِ).

7- ضَعِيهَا لِكَيْ تَبْرُدَ لِمُدَّةِ 10 دَقَائِقَ بَعْدَ إِخْرَاجِهَا مِنَ الْفُرْنِ.

يَلَّا نَلْعَبْ
مَجْمُوعَةُ أَلْعَ

مَعَ لَيَانَ

ـاب لِلتَّسْلِيَةِ

لعبة المتاهة

يلا نلون

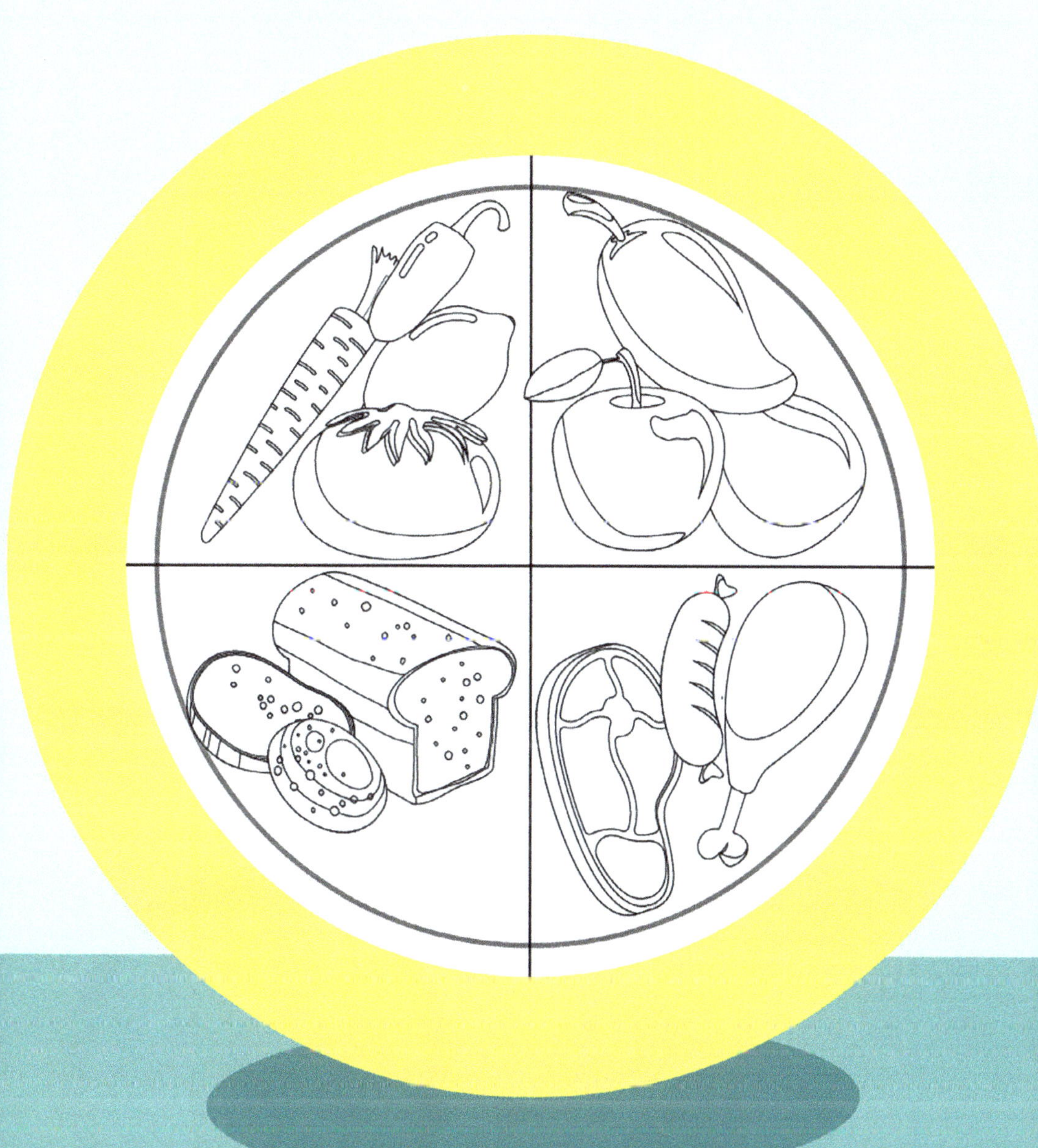

اختاري مصدر الكربوهيدرات ولوِّنيه

صِلِي بَيْنَ الْكَلِمَةِ وَالصُّورَةِ

بُرُوتِين
دُهُونٌ
كَرْبُوهَيْدْرَات

النهاية